BEI GRIN MACHT SICH IHR WISSEN BEZAHLT

- Wir veröffentlichen Ihre Hausarbeit, Bachelor- und Masterarbeit

- Ihr eigenes eBook und Buch - weltweit in allen wichtigen Shops

- Verdienen Sie an jedem Verkauf

Jetzt bei www.GRIN.com hochladen und kostenlos publizieren

Sabine Neureiter

Maat: Über Moral im alten Ägypten

GRIN Verlag

Bibliografische Information der Deutschen Nationalbibliothek:

Die Deutsche Bibliothek verzeichnet diese Publikation in der Deutschen National-
bibliografie; detaillierte bibliografische Daten sind im Internet über http://dnb.d-
nb.de/ abrufbar.

Dieses Werk sowie alle darin enthaltenen einzelnen Beiträge und Abbildungen
sind urheberrechtlich geschützt. Jede Verwertung, die nicht ausdrücklich vom
Urheberrechtsschutz zugelassen ist, bedarf der vorherigen Zustimmung des Verla-
ges. Das gilt insbesondere für Vervielfältigungen, Bearbeitungen, Übersetzungen,
Mikroverfilmungen, Auswertungen durch Datenbanken und für die Einspeicherung
und Verarbeitung in elektronische Systeme. Alle Rechte, auch die des auszugsweisen
Nachdrucks, der fotomechanischen Wiedergabe (einschließlich Mikrokopie) sowie
der Auswertung durch Datenbanken oder ähnliche Einrichtungen, vorbehalten.

Impressum:

Copyright © 2012 GRIN Verlag GmbH
Druck und Bindung: Books on Demand GmbH, Norderstedt Germany
ISBN: 978-3-656-50727-7

Dieses Buch bei GRIN:

http://www.grin.com/de/e-book/262200/maat-ueber-moral-im-alten-aegypten

GRIN - Your knowledge has value

Der GRIN Verlag publiziert seit 1998 wissenschaftliche Arbeiten von Studenten, Hochschullehrern und anderen Akademikern als eBook und gedrucktes Buch. Die Verlagswebsite www.grin.com ist die ideale Plattform zur Veröffentlichung von Hausarbeiten, Abschlussarbeiten, wissenschaftlichen Aufsätzen, Dissertationen und Fachbüchern.

Besuchen Sie uns im Internet:

http://www.grin.com/

http://www.facebook.com/grincom

http://www.twitter.com/grin_com

Maat – Über Moral im alten Ägypten

Erstmals publiziert in:
Kemet - Die Zeitschrift für Ägyptenfreunde,
Das Prinzip der Maat,
Bd. 2, 2012, Kemet Verlag, Berlin, 17ff
(www.kemet.de)

von

Sabine Neureiter, M.A.

Vorwort

Bei meinen Kemet-Artikeln handelt es sich um Texte, in denen ich versuche auf wenigen Seiten viele Informationen zu liefern. Der inhaltliche Rahmen ergibt sich aus dem Titel-Thema der jeweiligen Kemet-Ausgabe. Alle Artikel in den Kemet-Magazinen sind bebildert; die Fotos ergänzen die Texte.

Mir war bei jedem einzelnen Artikel wichtig, nicht lediglich schon bekannte und überall nachzulesende Informationen zusammenzustellen und nachzuerzählen. Ich betrachte alle Themen aus einer über den Tellerrand der Ägyptologie hinausgehenden Perspektive und stelle oftmals Thesen in den Raum, die eine Diskussion anstoßen sollen. Es handelt sich dabei aber immer um begründete und nicht aus der Luft gegriffenen Überlegungen.

Für viele meiner Artikel bilden ethnologische, soziologische oder religionswissenschaftliche Ansätze den Rahmen, um alternative Sichtweisen zu ermöglichen. Dabei gehe ich durchaus – aus ägyptologischer Sicht – etwas provokativ an ein Thema heran. Aber immer nur mit dem Ziel, neue oder unbekanntere Aspekte darzustellen.

Um altbekannter Kritik von vornherein entgegenzutreten: Grundsätzlich ist ein über räumliche und zeitliche Grenzen hinwegreichender Kulturvergleich ebenso statthaft wie ein sich ausschließlich an die Originalquellen haltender Versuch, Erkenntnisse über die altägyptische Kultur zu gewinnen. Das Argument, es handle sich bei dem einen um eine anachronistische und bei dem anderen um die einzig akzeptable Vorgehensweise, greift nicht. Denn schließlich findet auch das sprachwissenschaftlich fundierte Interpretieren einer altägyptischen Originalquelle alles andere als zeitnah zu ihrer Entstehung statt. Und eine Quelle aus der ägyptischen Spätzeit ist immerhin auch schon zweitausend Jahre jünger als etwa eine aus der Pyramidenzeit, so dass die Interpretationsergebnisse der jüngeren Quelle als anachronistisch bewertet und zum Verständnis der älteren nicht herangezogen werden dürften, wollte man dieser Argumentation folgen.

Nicht nur der Kulturvergleich, sondern gerade auch der interdisziplinäre Ansatz erweitert unseren Verstehenshorizont. Dann finden sich Antworten auf Fragen, die sich aus ägyptologischer Sicht nie stellen würden und werfen Licht auf unbeachtete oder unbekannte kulturelle Phänomene. Auch scheinbar wissenschaftlich längst bearbeitete Bereiche müssen immer wieder auf den Prüfstand; allein, weil jedem Wissenschaftler und jeder Wissenschaftlerin eine subjektive Sichtweise zueigen ist und jeder Versuch, Subjektivität aus der Arbeit auszuschließen und reine Objektivität walten zu lassen, niemals gelingen kann.

Letztendlich kann es immer nur darum gehen, ein weiteres kleines Fenster zum Verständnis der altägyptischen Kultur aufzustoßen.

Maat – Über Moral im alten Ägypten

Maat

Maat, schreibt Hellmut Brunner, ist die gottgegebene Weltordnung, „die sowohl das umfaßt, was wir Naturordnung nennen – wie den Lauf der Gestirne, den Wechsel der Jahreszeiten, Pflanzen- und Tierleben, Geburt und Tod, wie auch die Sozialordnung der Menschen, so die Beziehung der Geschlechter, die vielfältige soziale Ordnung eines Volkes, die Scheidung der Völker nach Hautfarbe und Sprache, schließlich den Tempelkult und selbst die Beamtenhierarchie, die Steuerregelung und sogar die Tischsitten".[1] Man könnte auch sagen: Maat ist das Wort für „die altägyptische Weltanschauung" und das, was wir als „altägyptische Kultur" bezeichnen. Stephen Quirke übersetzt den Begriff Maat schlicht mit dem Begriff Gerechtigkeit, weil „in jeder Sprache das Wort für ‚Gerechtigkeit' für das, was recht ist, die Weltanschauung einer Gesellschaft zum Ausdruck bringt".[2]

Erik Hornung beschreibt Maat als „allgemeines Gefühl für Gerechtigkeit, das für den Schutz der sozial Benachteiligten und für den Ausgleich zwischen Besitz und Armut sorgt"[3] und meint, „daß Maat als universale Vorstellung für alle sozialen Schichten Gültigkeit hat"[4], was sicherlich anzunehmen, aber nicht zu belegen ist.[5] Jan Assmann beschreibt umgekehrt Gerechtigkeit als „Ma'at-Idee" und sieht sogar eine Verbundenheit von Maat mit der „Idee eines Menschenrechts für Gerechtigkeit".[6] Der Begriff Maat, so Jan Assmann, lässt sich umschreiben mit: „Wahrheit, Gerechtigkeit, Recht, Ordnung, Weisheit, Echtheit, Aufrichtigkeit. Er bezieht sich auf Moral und Manieren im menschlichen Zusammenleben, auf die göttliche Gerechtigkeit des Totengerichts, auf die tägliche Überwindung des Chaos durch den kosmosschaffenden Sonnengott und die kosmosschaffende Gesetzgebung seines irdischen Abbilds, des Königs".[7] Nach Thomas Schneider meint Maat „auch die Solidarität, Rechtmäßigkeit und Verantwortlichkeit in der menschlichen Gemeinschaft, die deren Bestand erst ermöglicht, das richtige Gefüge des Lebens". Deswegen werde ein ethisch korrektes Leben gefordert, „verboten sind Egoismus, Bereicherung auf Kosten anderer oder Schädigung von Personen durch Gewalthandlungen oder Verleumdung".[8]

Und allem liegt eine Moral zugrunde. Nichts von alledem hätte eine Bedeutung ohne vorhandene moralische Werte. Ohne Moral hätte Maat keine Substanz. Moral ist die Grundvoraussetzung von Maat.

---

[1] Hellmut Brunner, Altägyptische Weisheit. Lehren für das Leben, 1988, 13

[2] Stephen Quirke, Altägyptische Religion, 1996, 8

[3] Erik Hornung, Geist der Pharaonenzeit, 1989, 141

[4] Erik Hornung, Maat – Gerechtigkeit für alle? Zur altägyptischen Ethik, in: Eranos, Jahrbuch 56 (1987), 1989, 420

[5] S.a. Brunner, Altägyptische Weisheit, 74

[6] Jan Assmann, Ma'at. Gerechtigkeit und Unsterblichkeit im Alten Ägypten, 1990, 278

[7] Assmann, Ma'at. Gerechtigkeit und Unsterblichkeit, 9f

[8] Thomas Schneider, Die wichtigsten 101 Fragen. Das Alte Ägypten, 2010, 68

Moral

Moral beruht auf Gefühlen, die in der menschlichen Natur angelegt sind und durch die Erziehung verstärkt werden. Könnten wir moralisches Verhalten restlos erklären, wäre Moral eine Sache des Verstandes. Zumeist funktioniert moralisches Verhalten aber intuitiv und der Mensch fühlt oder spürt einfach, ob etwas richtig oder falsch ist.[9]

Es ist zwischen individuellem moralischen Verhalten und moralischen Normen einer Gesellschaft zu unterscheiden. Beides bedingt sich gegenseitig. Aber der Mensch entscheidet von Fall zu Fall immer wieder neu, ob er sich moralisch verhalten will oder nicht. Moralnormen sind also relativ. Die Ursachen moralischer Einstellungen liegen in der Vergangenheit, z.B. in der kulturellen Prägung, in den historischen und persönlichen Erfahrungen und auch in der genetischen Ausstattung eines Menschen. Die Gründe einer moralischen Haltung finden sich aber immer in der Gegenwart. Michael Hauskeller schreibt: „Gründe sind das, was wir vor Augen haben, wenn wir urteilen und tätig werden, das, worum es uns in unserem Denken, Empfinden und Handeln jeweils geht. Niemand vertritt und lebt eine moralische Überzeugung unmittelbar deshalb, weil er in bestimmter Weise erzogen wurde und/oder von Geburt an entsprechend disponiert war. Wir sind keine Marionetten, die blind und willenlos an den Fäden unserer Vergangenheit hängen und zappeln, sondern wir sehen, was wir tun, und was wir tun hängt wiederum sehr davon ab, was wir sehen und wie wir es sehen".[10]

Moral ist eine subjektive Empfindung. Wenn aber viele ähnlich empfinden, z.B. wenn es um Diebstahl geht, dann ist das subjektive auch ein intersubjektives Empfinden: „Die Gleichgewichtigkeit der Interessen der verschiedenen Individuen macht es möglich, sie alle, obschon sie nicht identisch sind, doch unter einen Hut zu bringen – unter den Hut nämlich einer einzigen Moralnorm, die ... jedem Menschen sowohl das entsprechende Verbot auferlegt als auch den entsprechenden Schutz gewährt. Und weil für jeden der Vorteil des Schutzes stärker wiegt als der Nachteil des Verbots, ist die Moralnorm in ihrer Gesamtwirkung für jeden und damit intersubjektiv begründet", so Norbert Hoerster.[11]

Im alten Ägypten wurden Moralnormen, ebenso wie in anderen Gesellschaften, mündlich, z.B. in Form von Märchen, Geschichten und Mythen von Generation zu Generation weitergegeben. Moralnormen setzen bei der Moral des einzelnen an. Jeder Mensch hat ein

---

[9] Deswegen ist oftmals auch vom Moralinstinkt oder vom moralischen Sinn die Rede, s. z.B. Franz M. Wuketits, Wie viel Moral verträgt der Mensch?, 2010, s.a. Frank Ochmann, Die gefühlte Moral. Warum wir Gut und Böse unterscheiden können, 2008. Moralische Entscheidungen aufgrund unbewusster Empfindungen sind in ihren Auswirkungen nicht zu unterschätzen. Denn in Studien konnte nachgewiesen werden, dass alleine schon das Händewaschen und das daraus resultierende Gefühl der Reinheit, moralische Urteile milder ausfallen und „ethisch fragwürdige Handlungen als weniger schmutzig einstufen" lässt. Die Redewendungen „ein reines Gewissen haben" und „eine weiße Weste haben" oder auch die biblischen Zitate wie „die Hände in Unschuld waschen" und „dem Reinen ist alles rein" zeigen, dass dieses Phänomen durchaus wahrgenommen wurde – wenn auch nicht bewusst, s. Vera Spillner, Reines Gewissen, URL: http://www.spektrum.de/ alias/moralpsychologie/reines-gewissen/975487, s.a. Lee, W. S./Schwarz, N., Washing away post-decisional dissonance, URL: http://sitemaker.umich.edu/wing.sing.lee/files/lee_schwarz_washing_away_dissonance_ science_7may2010_ms.pdf

[10] Michael Hauskeller, Versuch über die Grundlagen der Moral, 2001, 12

[11] Norbert Hoerster, Was ist Moral? Eine philosophische Einführung, 2009, 61

3

moralisches Empfinden, ein Gewissen (mit Ausnahme vielleicht von Psychopathen), das durch Erzählungen, vorbildlichem Leben der Autoritäten aber auch durch Sanktionen immer wieder aktiviert und korrigiert wird. Die Moral, so Norbert Hoerster, ist „auf Sanktionen angewiesen, d.h. auf äußere Sanktionen durch die Mitmenschen, die Gesellschaft sowie auf innere Sanktionen durch den Übeltäter selbst. Ohne Sanktionen würde die Moral in der Realität keine Befolgung erfahren".[12]

Jeder Verstoß gegen die Maat, so Hellmut Brunner, war ein Sakrileg. Bestraft wurde ein solches Fehlverhalten mit Gerichtsstrafen, gesellschaftlicher Ausgrenzung oder von göttlicher Seite mit Schicksalsschlägen, Krankheit, Tod oder mit der Verurteilung im Jenseitsgericht. „Gerade dieser Gedanke, daß ein Verstoß gegen die Ordnung des Lebens – ob er sich sofort, später oder für die Mitmenschen unmerklich rächt – ein Verstoß gegen Gottes Willen ist, also eine Sünde, er ist für die Lehren Fundament und Ziel".[13] Renate Müller-Wollermann hält v.a. die Ehrenstrafe als soziale Sanktion für besonders wirkungsvoll. Drohender Ehrverlust ist „mit Sicherheit ein Moment, mit dem die Gesellschaft abweichendes Verhalten im Vorfeld verhüten konnte. Das Risiko, sich der Schande oder der Lächerlichkeit preiszugeben oder sich auch nur einen schlechten Ruf zu verschaffen, dürfte Personen veranlaßt haben, bestimmte Handlungen oder Verhaltensweisen zu vermeiden".[14] So schreibt Hellmut Brunner: „Bei jedem Todesfall hatte der König, also die Stadt bzw. die Gemeinde eine Erbschaft und auch das von dem Verstorbenen selbst zu seinen Lebzeiten vorbereitete Grab samt seiner Ausstattung mit Beigaben zu bestätigen. Oft genug scheint die Dorf- oder Stadtgemeinde einem unbeliebten Manne diese Bestätigung versagt zu haben. In den Lehren heißt es dann, daß es für einen, der sich gegen die Ma'at vergangen hat, kein Begräbnis gibt oder, daß sein Vermögen nicht seinen Kindern zukommen wird".[15]

Es waren gerade Randgruppen, denen eine „Einbindung in das gesamtgesellschaftliche Gefüge" fehlte, und, so Hans-W. Fischer-Elfert, weswegen sie sich „außerhalb oder abseits des Staat und Gesellschaft aufrecherhaltenden Prinzips ‚Ma'at'" befanden. Dies betraf Menschen mit „einer Zugehörigkeit zu einem anderen Ethnos bzw. der Verwendung einer anderen Sprache" (Ausländer), Menschen mit „anderen religiösen Vorstellungen und abweichenden Praktiken" (Teilnehmer an fremden Initiationsriten wie Blutsbrüderschaften), Menschen mit „anderen Lebens- und Verhaltensweisen" (Nomaden, Landstreicher), außerdem wurden Menschen ausgegrenzt aufgrund „der Ausübung bestimmter Berufe, die entweder wenig geschätzt oder mit Erscheinungen verbunden waren, die von der Gemeinschaft als gefährlich oder belästigend empfunden wurden" (Prostituierte), aufgrund „körperlicher Mängel oder Eigenheiten, die z.T. als eine gottgewollte Minderwertigkeit betrachtet wurden" (geistig und körperlich Behinderte) und natürlich auch wegen begangener „krimineller Delikte" (Straftäter, Oppositionelle).[16] All diesen Menschen wurden moralische Defizite unterstellt – aus „Maat-Sicht" sicher zu Recht, was die Relativität von Moral und Moralnormen veranschaulicht. Aus unserer Sicht empfinden wir z.B. die Ausgrenzung von Behinderten als falsch und unmoralisch, was einzig an unseren anders gelagerten

[12] Hoerster, Was ist Moral?, 93

[13] Brunner, Altägyptische Weisheit, 17

[14] Renate Müller-Wollermann, Vergehen und Strafen: Zur Sanktionierung abweichenden Verhaltens im alten Ägypten, 2004, 234

[15] Brunner, Altägyptische Weisheit, 22

[16] Hans-W. Fischer-Elfert, Abseits von Ma'at. Fallstudien zu Außenseitern im Alten Ägypten, 2005, 15f

Moralnormen liegt.

Schon vor der Niederschrift moralischer Verhaltensregeln z.B. in Form der Weisheits- bzw. Lebenslehren wusste der Mensch, was richtig und was falsch war. Denn so wie die Maat der Welt bei der Schöpfung mitgegeben wurde, wurde sie auch jedem einzelnen Menschen bei seiner Geburt mitgegeben. Auch ein junger Mensch wusste also, dass er nicht töten, nicht stehlen oder nicht betrügen sollte. Es gibt keine uns bekannte Gesetzessammlung die den altägyptischen Menschen – an sein Gewissen appellierend – gezwungen hätte, sich moralisch zu verhalten. Das sog. negative Sündenbekenntnis (TB 125), das Thomas Schneider als „verbindliche Kodifizierung der Maat" bezeichnet,[17] kommt einer solchen Sammlung von Moralnormen am nächsten. Dabei handelte es sich um eine Art moralische Offensive, einem Bekenntnis zu den Moralnormen.

Mit dem Totenbuchspruch 125 wurde den 42 Totenrichtern des Jenseitsgerichts vom Verstorbenen gleich zweimal in 42 einzelnen Ansagen versichert, dass er nicht gegen die Maat verstoßen habe: Ich habe kein Unrecht getan, ich habe nicht gestohlen, ich war nicht habgierig, ich habe mir nichts angeeignet, ich habe keine Menschen getötet, ich habe das Hohlmaß nicht verletzt, ich habe nicht „Krummes" getan, ich habe mir keinen Tempelbesitz angeeignet, ich habe nicht gelogen, ich habe keine Nahrung gestohlen, ich habe kein Geschrei gemacht, ich war nicht aggressiv, ich habe kein Gottesvieh getötet, ich habe keinen Kornwucher betrieben, ich habe die zugeteilten Rationen nicht veruntreut, ich habe niemanden belauscht, ich habe nicht unüberlegt geredet, ich habe nur um meinen Besitz gestritten, ich habe nicht mit der Frau eines anderen geschlafen, ich habe keine Unzucht getrieben, ich habe keinen Schrecken erregt, ich habe keinen Schaden gestiftet, ich bin nicht hitzig gewesen, ich bin nicht taub gegen gerechte Rede gewesen, ich habe keinen Streit entfacht, ich habe nicht einem anderen zugeblinzelt, ich habe nicht gleichgeschlechtlich verkehrt, ich bin nicht nachlässig gewesen, ich habe mich nicht gestritten, ich bin nicht gewalttätig gewesen, ich bin nicht jähzornig gewesen, ich habe nicht meine Natur überschritten und einen Gott angegriffen, ich habe nicht viel Gerede gemacht wegen einer Sache, ich habe nichts Schlechtes getan, ich habe den König nicht beleidigt, ich habe mich nicht auf Wasser gestützt, ich habe nicht meine Stimme erhoben, ich habe keinen Gott beleidigt, ich habe mich nicht aufgeblasen, ich habe mich nicht über meinen Stand erhoben, meine Ansprüche gingen nicht über das hinaus, was ich besaß, ich habe meinem Stadtgott keine Schande bereitet.[18]

Es stellt sich die Frage, ob diese Sammlung von Moralnormen allen Menschen in dieser Form bekannt war oder ob sie ausschließlich der herrschenden Schicht zur Verfügung stand – zur Kenntnis und Vermeidung. Dennoch war den Menschen moralisches Fehlverhalten von Autoritäten natürlich nicht unbekannt. „In den Akten der Ramessidenzeit wird nur zu deutlich wie Ideal und Wirklichkeit auseinanderklaffen, wie in allen Kreisen der Verwaltung hemmungslos unterschlagen, manipuliert, Bestechung angenommen wird".[19] In den Mythen wurden die Verfehlungen von Göttern beschrieben, berichtet wird von Mord, Verstümmelung,

---

[17] Schneider, 101 Fragen, 69

[18] Übersetzung nach Erik Hornung, Das Totenbuch der Ägypter, 1990, 236ff. Diese moralischen Vorgaben finden sich noch in ptolemäischer Zeit als Priestereinlasstexte, s. Dieter Kurth, Treffpunkt der Götter. Inschriften aus dem Tempel des Horus von Edfu, 1998, 148f

[19] Hornung, Maat – Gerechtigkeit für alle?, 400

von Lügen, Vergewaltigung und von versuchter Kindesentführung. Offensichtlich war es Gottheiten – und auch dem König – erlaubt, bestimmte moralische Normen zu überschreiten. Und zwar dann, wenn die Allgemeinheit diese Normtransgressionen als gerechtfertigt ansah und letztendlich die göttliche Ordnung wieder hergestellt wurde.[20]

Was treibt also den Menschen an, sich moralisch zu verhalten? „Im Hintergrund der moralischen Forderung steht ... ein Wille, dem eine größere Autorität zugestanden wird als dem eigenen oder dem des anderen. Traditionell war dies der Wille Gottes: Du sollst nicht töten, nicht, weil ich es nicht will, sondern weil Gott es nicht will". Auch dann, so Michael Hauskeller weiter, wenn „die Sollens-Forderung den Willen der Allgemeinheit zum Ausdruck bringe", würde diese Forderung – als moralische – ein besonderes Gewicht haben „als gemeinhin eine bloß menschliche Willensbekundung".[21]

Erik Hornung schreibt: „Immer wieder treffen wir in Ägypten das Bewußtsein an, daß Bosheit, Unrecht und Unvernunft zwar vorübergehend Erfolg haben könnten, wie die Praxis lehrt, aber letztendlich doch nicht ‚landen' und den sicheren Hafen gewinnen. All das hat keine Dauer, bringt keinen bleibenden, sondern allenfalls vorübergehenden Gewinn und ist von daher nutzlos und gefährlich. Denn es bewirkt spätestens im Jenseits negative Vergeltung, und für den Ägypter sind Diesseits und Jenseits ja ein Kontinuum ohne strikte Grenze".[22] Aus diesem Grund meint Jan Assmann, Maat habe sich „von der Todesschwelle" her entwickelt, denn: „Das Weiterleben im Jenseits hängt davon ab, ob einer die Prüfung im Totengericht besteht – und das wiederum davon, ob man in seiner Lebensführung den Gesetzen der Ma'at nachgeeifert hat".[23] Es ist aber nicht notwendig und auch nicht richtig, moralisches Verhalten von der Angst vor dem Tod her zu erklären. Moral braucht – wie wir gesehen haben – keine Todesangst, um sich zu entwickeln. Abgesehen davon hielten die alten Ägypter für den Fall, dass ihr Herz in der „Halle der Maat" vor dem Jenseitsgericht hätte ehrlich agieren und gegen sie aussagen wollen, ein magisches Gegenmittel bereit in Form des Totenbuchspruches 125 mit dem Titel „Abzuspalten den Verstorbenen – den Gerechtfertigten – von allen Sünden, die er begangen hat, und die Antlitze der Götter zu schauen" und einer dazugehörigen Vignette, die schon das positive Ergebnis der Wägung der Seele mit dem Herzen abbildet.[24] Es ist recht unwahrscheinlich, dass sich aus einer solchen Heuchelei heraus Maat entwickelt haben sollte. Es zeigt aber, dass die Menschen des alten Ägypten von der Schwierigkeit, ein moralisch korrektes Leben zu führen, nur allzu gut wussten.

---

[20] S.a. Hornung, Maat – Gerechtigkeit für alle?, 426f

[21] Hauskeller, Grundlagen der Moral, 62f

[22] Hornung, Geist der Pharaonenzeit, 142f

[23] Jan Assmann, Ma'at – Gemeinschaftskunst im alten Ägypten, in: Assmann, J./Krippendorff, E./Schmidt-Glintzer, H., Ma'at, Konfuzius, Goethe. Drei Lehren für das richtige Leben, 2006, 69. Es sind v.a. die Weisheits-bzw. Lebenslehren, die Jan Assmann für seine Interpretation von Maat heranzieht. Aber gerade sie beziehen sich praktisch nicht auf das Leben nach dem Tod: „Abgesehen von wenigen Ausnahmen beschäftigen sich die Lehren nur mit dem Diesseits und seinen Schwierigkeiten und Aufgaben. Daß das pharaonische Ägypten auch eine sehr umfangreiche und vielgestaltige Jenseitsliteratur besitzt, würde niemand vermuten, der nur die hier gesammelten Texte kennt" (Brunner, Altägyptische Weisheit, 45).

[24] S. Peter Eschweiler, Das Ägyptische Totenbuch. Vom Ritual zum Bild, 1999, 17ff

Solidarität

Die von Jan Assmann immer wieder angeführte Solidarität, die er je nach Perspektive als kommunikativ oder als aktiv, als konnektiv oder als vertikal spezifiziert, beschreibt das Prinzip der Maat nicht zutreffend. Denn Solidarität hat nicht grundsätzlich etwas mit Moral oder Gerechtigkeit zu tun. Auch ein Mörder oder ein unmoralischer Herrscher können sich solidarisch verhalten. So schreibt Hans Jürgen Rösner: „Als normatives Leitbild fordert Solidarität das Füreinandereinstehen des ‚alle für einen' bzw. des ‚einen für alle'. Obwohl solidarisches Handeln aus Mitmenschlichkeit, Nächstenliebe oder anderen altruistischen Motiven uneigennützig erfolgen kann (und sollte), ist dies keineswegs notwendig, vielmehr wird die Solidaritätsbereitschaft sogar eher dann um so größer sein, je mehr Vorteile sich der einzelne oder eine Gruppe dadurch verschaffen kann, auch wenn dieses Handeln gemeinschaftsschädlich ist (Kollusion). Auch ein Egoist kann sich solidarisch verhalten, wenn dies seinem Eigeninteresse nützt. Solidarität ist somit (entgegen häufiger Annahme) ein wertneutraler Begriff".[25] Und so schreibt Erik Hornung zu Recht: „Selbst das Prinzip der Solidarität, das Jan Assmann auch für die ägyptische Ethik fruchtbar zu machen sucht, trägt eigentlich nicht weit, weil es allzu leicht zu Parteiung führt, zu undifferenzierten und blinden Emotionen und damit wiederum zu einer eingeschränkten Gerechtigkeit. Solidarität ist eigentlich immer einseitig".[26]

Damit Maat „unter den Menschen bleibt, muß man Maat tun und Maat sprechen", so Erik Hornung.[27] „Sie ist die Norm, die alles Tun bestimmen sollte, an der alles gemessen wird. Aber es entspricht ägyptischer Ethik, daß man auch diese richtige Norm nicht übertreiben und zur starren Schablone machen soll". Und auch Hellmut Brunner meint: „Die Ma'at ist kein Naturgesetz, denn man kann sie vernachlässigen und übertreten – und tut dies nur zu oft. Ma'at ist auch nicht durch eine Offenbarung fixiert, vielmehr muss sie dem Lauf der Welt abgelesen werden. Die Beobachtung zeigt, daß sie vom Menschen erfüllt oder mißachtet werden kann, aber sie bleibt dem Menschen immer als Aufgabe gestellt: dem König bei der Regierung und besonders der Rechtsprechung, im Kult mit seinen verzweigten Einrichtungen, und jedem einzelnen in seiner Lebensführung und in seinem Amt".[28]

Handelt der Mensch in einer Gesellschaft, die auf Gerechtigkeit aufgebaut ist, moralisch, dann führt ein solches Handeln automatisch zu mehr Gerechtigkeit. „Der Lohn eines Handelnden liegt darin, daß für ihn gehandelt wird. Das hält Gott für Ma'at".[29] Dieser Satz einer Inschrift des Königs Neferhotep aus der 13. Dynastie erklärt, was Maat für den altägyptischen Menschen bedeutete: ein durchaus eigennütziges Füreinander-Handeln. Ich tue etwas für dich, damit ich etwas von dir zurückbekomme. Ich verhalte mich dir gegenüber korrekt und erwarte, dass auch du dich mir gegenüber korrekt verhältst. Umgekehrt: Wenn ich mich dir gegenüber schlecht verhalte, dann muss ich mich nicht wundern, wenn Schlechtes von dir zurückkommt. Das ist Gerechtigkeit auf moralischer Grundlage. Gutes und Böses, Maat und

---

[25] Hans Jürgen Rösner, Was ist Sozialpolitik?, URL: http://www.uni-koeln.de/wiso-fak/soposem/roesner/pdf/WS0607_SopoI/Sopo-I-Teil-1-Slides.pdf

[26] Hornung, Maat – Gerechtigkeit für alle?, 404

[27] Hornung, Geist der Pharaonenzeit, 135

[28] Brunner, Altägyptische Weisheit, 14

[29] Übersetzung nach Assmann, Ma'at. Gerechtigkeit und Unsterblichkeit, 65

Isfet, kommen jeweils auf den Handelnden zurück. Im „Denkmal memphitischer Theologie" ist zu lesen: „Und so wird Maat gegeben dem, der tut, was geliebt wird. Und so wird Isfet gegeben, dem der tut, was gehasst wird. Und so wird Leben gegeben dem Friedfertigen und Tod gegeben dem Rebellischen".[30]

Gerechtigkeit

Gerechtigkeit, so Otfried Höffe, meint „sowohl objektiv die inhaltliche Richtigkeit des Rechts als auch subjektiv die Rechtschaffenheit einer Person. Insbesondere als objektive Gerechtigkeit ist sie ein Grundbegriff menschlichen Verlangens: ein Gegenstand menschlicher Sehnsucht und menschlicher Forderung zugleich".[31] Hans Kelsen schreibt: „Gerechtigkeit ist in erster Linie eine mögliche aber nicht notwendige Eigenschaft einer gesellschaftlichen Ordnung. Nur in zweiter Linie eine Tugend des Menschen. Denn ein Mensch ist gerecht, wenn sein Verhalten einer Ordnung entspricht, die als gerecht gilt. Was bedeutet es aber, daß eine Ordnung gerecht ist? Daß diese Ordnung das Verhalten des Menschen in einer Weise regelt, die alle befriedigt, so daß alle ihr Glück unter ihr finden".[32] Kelsen weiter: „Das Glück, das eine Gesellschaftsordnung zu garantieren vermag, kann nicht Glück in einem subjektiv-individuellen, sondern nur Glück in einem objektiv-kollektiven Sinne sein. Das heißt unter Glück darf man nur die Befriedigung gewisser Bedürfnisse verstehen, die von der gesellschaftlichen Autorität, dem Gesetzgeber, als solche anerkannt sind, so wie etwa das Bedürfnis nach Nahrung, Kleidung, Behausung u. dgl.". Die Idee der Gerechtigkeit wandelt sich also „aus einem Prinzip, das das individuelle Glück aller garantiert, zu einer gesellschaftlichen Ordnung, die bestimmte Interessen schützt, jene nämlich, die von der Mehrheit der der Ordnung Unterworfenen als dieses Schutzes wert verstanden werden". Nur wo „Interessenskonflikte bestehen, wird Gerechtigkeit zum Problem. Wo es keine Interessenskonflikte gibt, da besteht kein Bedürfnis nach Gerechtigkeit. Ein Interessenskonflikt liegt aber vor, wenn ein Interesse nur auf Kosten eines anderen befriedigt werden kann". Auf das alte Ägypten bezogen kann man also schließen, dass die von Anfang an existierende hierarchische Struktur Interessenskonflikte nicht löste, sondern hervorbrachte – und zwar so massiv, dass das Bedürfnis nach Gerechtigkeit eben diese zum höchsten Prinzip erhob – das der Maat.[33]

---

[30] Übersetzung nach Assmann, Ma'at. Gerechtigkeit und Unsterblichkeit, 64

[31] Otfried Höffe, Gerechtigkeit. Eine philosophische Einführung, 2010, 9

[32] Hans Kelsen, Was ist Gerechtigkeit?, 2000, 11ff

[33] „Reichtum macht unmoralisch", das ist das Ergebnis einer aktuellen Studie. „Die Durchsetzung eigener Interessen sei ein bedeutendes Motiv in der Elite der Gesellschaft, und die vermehrten Wünsche, die mit größerem Reichtum und Status einher gehen, könnten Fehlverhalten begünstigen" (Meldung von dpa/cl, 27.02.2012, URL: http://www.welt.de/gesundheit/psychologie/article13891247/Reichtum-macht-eben-doch-unmoralisch.html), s.a. Piff, Paul K. et al., Higher social class predicts increased unethical behavior, URL: http://www.pnas.org/content/early/2012/02/21/1118373109.abstract, s.a. URL: http://www.pnas.org/content/suppl/2012/02/22/1118373109.DCSupplemental/pnas.201118373SI.pdf

Weltordnung

Die Menschen der unteren sozialen Schichten wurden von der Elite nicht nur ausgenutzt, sondern auch beschützt und versorgt, wie es z.b. in den Grabinschriften der Gaufürsten der 1. Zwischenzeit zu lesen ist. Aber diese Fürsorge geschah nicht uneigennützig: Je ungleicher eine Gesellschaft, desto stärker ist die Abhängigkeit der Elite von der moralischen Legitimation eben dieser Ungleichheit, so John Baines.[34] Im alten Ägypten überschnitt sich die Idee des Bösen (Isfet) mit der Idee der Unordnung und des Chaos. Dies diente den Interessen der herrschenden Schicht, denn auf diese Weise, so Baines, wurde öffentlich sanktionierte Moral und soziale Unterwürfigkeit mit der Erhaltung der kosmischen Ordnung in Verbindung gebracht und miteinander verknüpft. Hinzu kommt, dass religiöse und gottesfürchtige Menschen sich regelkonformer verhalten und autoritätsgläubiger sind als andere – auch heute noch,[35] was es einer Elite erleichtert, für sich vorteilhafte Machtstrukturen dauerhaft zu etablieren. Die von den Göttern – eigentlich von der herrschenden Elite – errichtete Ordnung wurde moralisch untermauert, so dass ihre Aufrechterhaltung zu einer Gewissensfrage des Volkes wurde.

Jan Assmann hingegen betrachtet Maat als uneigennütziges Werk der ägyptischen Elite und findet dafür den Begriff „Gemeinschaftskunst".[36] Eine selbstlose Herrscherschicht, die Selbständigkeit, Autonomie, Durchsetzungsvermögen und Selbstbehauptung zur „rohen Natur" rechne, die es durch Bildung zu überwinden oder zu überformen gelte „in Richtung auf Bindung, Altruismus, Selbstrücknahme und Einfügung". Mit Gemeinschaftskunst meint Jan Assmann ein politisches Modell, dem die „Lehre der Maat" zugrunde liege, mit den drei „Grundlehren": „Hören, reden, schweigen", „Handle für den, der handelt" und „Du sollst nicht begehren". Wobei die beiden ersten „Grundlehren" die „soziogene Energie" der Maat ausmachten, die dritte „Grundlehre" aber als destruktives Prinzip eben diese zerstörte. Diese – man kann wohl sagen von Jan Assmann kunstvoll ausgearbeitete – „Lehre der Maat" habe keinen identifizierbaren „Lehrer" und sei auch keine geschlossene oder systematische Lehre, „sondern eine Tradition, die sich in einer Fülle von Texten artikuliert, darunter auch solchen, die die alten Ägypter selbst als ‚Lehren' bezeichnet haben. Es handelt sich dabei um einen Komplex von Ideen und Normen, Sitten, Verhaltensweisen und Handlungsmaximen, Welt- und Menschenbildern, der das implizierte Wissen einer Elite gebildet hatte".[37] Assmann weiter: „Wer sich von der Gerechtigkeit lossagt – und der Mensch ist frei, die Gerechtigkeit zu tun oder zu lassen –, zerstört den Einklang zwischen kosmischer und menschlicher Ordnung. Die Ordnung ist kein starres Prinzip, sondern eine lebenspendende Energie, die die Welt in Gang hält und sich in die Menschenwelt hinein verlängern läßt, wenn die Menschen nur wollen und sich dem Ganzen einfügen".[38]

Aber ganz so frei, wie Assmann es vermuten lässt, waren die Menschen nicht. Gerade die

---

[34] John Baines, Society, Morality, and Religious Practice, in: Shafer, B. E. (ed.), Religion in Ancient Egypt. Gods, Myths, and Personal Practice, 1991, 162f

[35] S. Holger Dambeck, Religion versus Evolution: Wie die Sünde in die Welt kam, in: Spiegel online, 17.02.2010, URL: http://www.spiegel.de/wissenschaft/mensch/0,1518,677896,00.html

[36] Assmann, Ma'at – Gemeinschaftskunst im alten Ägypten, 28

[37] Assmann, Ma'at – Gemeinschaftskunst im alten Ägypten, 13

[38] Assmann, Ma'at – Gemeinschaftskunst im alten Ägypten, 15

Kinder, speziell die Söhne der oberen sozialen Schichten, mussten, wenn sie sich nicht fügten, „gerade gebogen" werden. Darüber gibt es viele Aussagen. In der „Lehre des Ani" aus dem Neuen Reich ist z.b. zu lesen: „Den krummen Ast, der auf dem Felde liegen geblieben ist, den Licht und Dunkelheit angegriffen haben, den holt sich wohl noch ein Handwerker, biegt ihn gerade und macht einen Würdestab daraus; den geraden Ast aber macht er zu einem Kummet. Du Herz, das nicht erkennen kann, bist du nun bereit uns dich unterweisen zu lassen, oder bist du mißlungen?".[39]

Moralische Werte

Moral ist relativ. Und moralische Werte sind eng mit der vorhandenen gesellschaftlichen Ordnung verknüpft, deren zentrale Idee im alten Ägypten die Gerechtigkeit war. Der altägyptische Mensch wusste, dass ihm sein subjektives moralisches Empfinden von Geburt an mitgegeben war. Jeder Mensch trug die Maat von Geburt an in seinem Herzen und wusste also was richtig und was falsch war. Wenn sich ein Mensch also nicht unterordnen und stattdessen „aus der Gesellschaft und ihren von Werten bestimmten Verhaltensregeln aussteigen" will, dann ist er einer von denen, „die die Götter verstoßen haben. Er ist einer, den Gott schon im Mutterleib geschlagen hat", so ist es in der „Lehre des Ptahhotep" aus dem Mittleren Reich zu lesen.[40] Dazu gehörten auch die oben genannten Menschen der sozialen Randgruppen. Allerdings wurde ein Leben als Außenseiter oft erzwungen und selten frei gewählt. Und dieses von der Gesellschaft aufgezwungene Außenseitertum war eben moralisch legitimiert.

Schon in der 4. Dynastie wurde in den privaten Grabinschriften auf richtiges und falsches Verhalten hingewiesen, in Formulierungen wie folgende: „Jede Person, die etwas Schlechtes gegen mein Grab tun möchte...". In der 5. und 6. Dynastie wird die Idee der rechten Handlung stärker herausgearbeitet: „Niemals machte ich jemanden unglücklich seit meiner Geburt", oder: „Niemals ließ ich jemanden die Nacht verbringen, in dem er wegen etwas ärgerlich über mich war seit meiner Geburt", oder: „Ich war ein Vorbild an Freundlichkeit, ein Gepriesener, der gepriesen aus dem Mutterleib kam". In Inschriften des Mittleren Reiches lag der inhaltliche Schwerpunkt mehr auf den Charakterzügen als auf den Handlungen: „Einer, der wissend und begabt aus dem Mutterleib kam".[41] Entsprechend formulierte man im Alten Reich Sätze mit „ich habe getan" und im Mittleren Reich mit „ich war". Der altägyptische Mensch – der oberen sozialen Schichten, denn von den anderen gibt es keine schriftlichen Überlieferungen – sprach von sich als einem, „der von Geburt an gut war", und verstand sich als einer, der seine Moral selbst verantwortete – als „maker of his morality".[42] Seit dem Neuen Reich wandte sich der Mensch aber zunehmend an einen Gott und bat um Hilfe oder um Vergebung – Ausdruck der aufkommenden Persönlichen Frömmigkeit.

Georges Posener schreibt: „Das Herz ist das Gewissen; es leitet den Menschen und sein Urteil, es ist ein unabhängiges Wesen aus einem höheren Sein, das im Körper Wohnung

---

[39] Übersetzung nach Brunner, Altägyptische Weisheit, 214

[40] Brunner, Altägyptische Weisheit, 29 und Übersetzung nach Brunner, Altägyptische Weisheit, 117

[41] Übersetzung nach Miriam Lichtheim, Moral Values in Ancient Egypt (OBO 155), 1997, 13f

[42] Lichtheim, Moral Values, 18

genommen hat".[43] Der altägyptische Mensch, so Hellmut Brunner, erlebt „das Herz als inneren Gesprächspartner, der aber sehr wohl eine distanzierte Meinung haben kann".[44] Es trifft oder korrigiert ethische Entscheidungen, „deren Richtigkeit oder Fehlerhaftigkeit es anzeigt". Das Herz führte, so das Empfinden der alten Ägypter, eine Art Eigenleben – es klopfte, es schmerzte oder raste – und wurde deswegen als eigenständiges Wesen betrachtet. Im Zuge der sich entwickelnden Persönlichen Frömmigkeit, verstärkt ab der Ramessidenzeit, wurde hinter dem sich regenden Gewissen explizit Gott vermutet.

Ethik

Ethik meint – einfach ausgedrückt – das Nachdenken über Moral. Während moralisches Verhalten an Emotionen geknüpft ist, ist ethisches Verhalten an die Vernunft gekoppelt. Erstere Verhaltensweise war jedem Menschen, auch denen der unteren sozialen Schichten gegeben, letztere entsprach aber wohl eher den Menschen der oberen sozialen Schichten, die in den Schulen anhand der Weisheit- bzw. Lebenslehren das Wertesystem – Maat - kennen- und bewusst berücksichtigen lernten. Wenn also von altägyptischer Ethik die Rede ist, dann ist spezifisch eine Ethik der gebildeten Elite gemeint. Denn ein einfacher Mensch, dem es in erster Linie darum ging, seinen Alltag zu meistern und ein einigermaßen zufriedenes Leben zu führen, wird sich eher keine Gedanken über ein maatgemäßes Verhalten gemacht haben. Er verhielt sich einfach maatgemäß aufgrund seiner in ihm existierenden Moralvorstellungen und seines daraus resultierenden Gewissens. Jean Yoyotte schreibt: „So bleibt die Ethik Altägyptens, in ihrer Rückbeziehung auf vergangene Zeiten und in ihrem heiligen Abscheu vor dem ‚Ungeordnetsein', die eines aufgeklärten Absolutismus, die Moral kultivierter wohlwollender Beamten". Sie „entspricht dem Wunsch nach einer rituell gegründeten Ordnung und der Sorge um den allgemeinen Frieden".[45]

Maatgemäßes Verhalten wurde von allen Menschen des alten Ägypten erwartet, denn es entsprach der gottgegebenen Ordnung. Aber erst seit der Spätzeit sind Lebenslehren überliefert, die sich auch an den normalen Bürger richteten, wobei sich z.B. „der Tenor der Lehre des Anchscheschonqi schon nahezu als ‚Bauernschläue" bezeichnen" lässt.[46] Betrachtet man diese „Bauernschläue", muss man sich fragen, welche Art von Moral hier vertreten wurde. Joachim Quack schreibt: „Wie sehr der Weise in diesem Text nicht einfach der zurückgezogene, kontemplativ lebende Mann ist, sondern jemand, der sehr konkret auf seinen eigenen Vorteil bedacht ist, illustriert am besten der zynische Spruch: ‚Ein Tor, der mit einem

---

[43] Georges Posener, Herz, in: Posener, G./Sauneron, S./Yoyotte, J. (Hg.), Lexikon der ägyptischen Kultur, 1960, 102

[44] Hellmut Brunner, Das hörende Herz. Kleine Schriften zur Religions- und Geistesgeschichte Ägyptens (OBO 80), 1988, 149

[45] Jean Yoyotte, Ethik, in: Posener, G./Sauneron, S./Yoyotte, J. (Hg.), Lexikon der ägyptischen Kultur,1960, 66

[46] Müller-Wollermann, Vergehen und Strafen, 26. Die „Lehre des Anchscheschonqi" oder auch „Chascheschonqi" stammt aus ptolemäischer Zeit, 2004, 26

Weisen gehen will, ist eine Gans, die mit ihrem Schlachtmesser gehen will"".[47] Die zynische Weltsicht des Autors zeigt sich auch in Sätzen wie diesen: „Wenn du stark bist, wirf die Dokumente in den Fluss, wenn du schwach bist, wirf sie auch". Oder: „Schweigen verbirgt Dummheit". Oder: „Wenn man dir für Unkenntnis Rationen gibt, dann mach dir Erziehung zum Abscheu!". Der Autor notierte aber auch moralische Grundsätze wie: „Tu keinem Menschen etwas Böses an, um es dir von einem anderen antun zu lassen". Aber auch zum Leben nach Tod ist in dieser Lehre etwas zu lesen. Hellmut Brunner schreibt: „Am Ende einer langen Kette von irrationale Wünschen, also von zwar wünschenswerten, aber so gut wie unerfüllbaren Vorstellungen findet sich der Satz: ‚Ach möge doch dem Tod stets die Auferstehung folgen! Aber das ist ebenso unwahrscheinlich, wie daß immer der beste Mann an der Spitze eines Gemeinwesens steht"".[48]

Steht hinter solchen Sätzen immer noch der Glaube an die moralischen Werte, die der Maat früherer Zeiten zugrunde lagen? Werte und Normen ändern sich, passen sich den Veränderungen der Gesellschaft an. Jeder einzelne kann sein moralisches Verhalten ändern, wenn es für ihn überzeugende Gründe dafür gibt. Das war auch in früherer Zeit nicht anders. Die altägyptische Gesellschaft wurde im Laufe der 3000 Jahre ihrer Existenz – natürlich – immer komplexer. Alleine das Eindringen ausländischer Einflüsse seit der Spätzeit und verstärkt während der ptolemäischen Zeit musste das auf Maat gegründete Wertesystem auf Dauer infrage stellen. Je komplexer die Gesellschaft, desto komplexer die dadurch erzwungenen Überlegungen hin zu moralisch korrekten Entscheidungen, die jeder Mensch jeden Tag treffen musste. Ehemals eindeutiges Wissen von dem, was richtig und was falsch ist, wurde fragwürdig. Zweifel und Unsicherheit in moralischen Fragen dürften besonders die Menschen in den Städten betroffen haben. Nur ein starkes Wertesystem, dessen moralische Anforderungen gottgewollt und bei Nichtbeachtung mit Schuldgefühlen beschwert waren, konnte die Menschen wieder auf den „rechten" – einfachen – Weg bringen. Das Aufkommen des Christentums und die Hinwendung des durchaus auch aus moralischer Sicht von der herrschenden Schicht im Stich gelassenen Volkes zum koptischen Glauben war eigentlich eine notwendige Folge in einer sich rasant verändernden Gesellschaft.

---

[47] Joachim Quack, Einführung in die altägyptische Literaturgeschichte III. Die demotische und gräko-ägyptische Literatur, 2005, 114ff

[48] Brunner, Geist der Pharaonenzeit, 45